松平家的
心靈整理術

松平家心の作法

學日本名門流傳數百年的心法，
讓你活得更優雅。

松平洋史子
まつだいら・よしこ　Matsudaira Yoshiko

黃毓婷 譯

前言

第一次的會面，就擄獲人心。

松平家　心の作法とは

何謂松平家的心靈整理術

第一次的行禮，就擄獲人心。

這就是松平家的作法，也是「松平法式」的基調。

在江戶時代，受到上位者接見的機會少之又少，那是非常難能可貴的。因此，松平家的人鑽研舉止，讓自己的舉止優雅美麗，光是行禮就能博得對方的好感。

本書所傳的「舉止」，涵蓋了松平家代代相傳下來待人處事的教誨。其中介紹了許多我祖母松平俊子所傳的「心靈整理術」。

俊子以社會事業家的身分活躍於大正末期到終戰期間。她那出眾的品格讓她在戰後成為日本女子高等學院（昭和女子大學前身）的校長。任職校長時，祖母彙編了松平家代代相傳的「松平法式」。

謹以本書將之淺白地傳達給現代的人們。

不過，對於拿起這本書的各位讀者，我有一個想像。那就是各位已經是非常美麗的了。會被「舉止」這個有禮貌的詞語所吸引的各位，想必平時就期許自己是美麗的，且為此實踐了許多事物的美好之人吧。即使如此仍在某些地方沒有自信。即使被他人稱讚，仍覺得現在的自己在某些地方還不夠好。有這種感覺的人應該很多吧。看著最近的女性，我不禁會做如是想。

如果是祖母松平俊子，會對現今的女性朋友們提出何種建議呢？

這就成為寫這本書的動機。

俊子生於明治二十三年（西元一八九〇年），是佐賀藩侯爵鍋島直大的六女。直大是駐義大利特命全權公使，也是深諳西方文化、充滿生活情趣的人。他深得明治天皇的信任，曾任式部長官，掌理宮中的儀式。俊子由這樣的直大撫養，十七歲時與松平胖結婚，他是伯爵松平賴壽的弟弟，「松平家」的後裔。松平家是室町時代興起於三河國賀茂郡松平鄉的豪族，其第九代當家之主後來改名號為「德川」，便是江戶幕府的將軍德川家康。亦即，松平家這個家系，是江戶時代的武家象徵：德川家的母體。

俊子嫁入的，是讚岐國高松藩松平家。這一家脈承水戶德川家，是與將軍本家血緣最近的德川御三家（尾張德川家、紀州德川家及水戶德川家）之一。

重視禮儀行止及質樸儉約的武家精神，至今仍傳承在高松松平家。俊子集娘家的「西式」、「豪華」與夫家的「日式」、「質樸」於一身。同時，也是能辨別「優雅之美」及「無益之物」的女性。

這樣的俊子所記錄下來的「松平法式」，是非常簡潔的。

首先，是學習優雅的舉止。

接著，是擁有美好的心靈。

一個人有了優雅的舉止及美好的心靈，自然便會具備高雅優美的品格。所謂的品格，是期許自己能「為了他人而美」，並依此去行事而自然散發的一種高貴氣質。現今許多女性沒有自信，也許是因為不知該如何才能有這種「品格」吧。

「松平法式」所要傳給各位的，正是養成品格的方法。如同以優雅端正的行禮在一瞬間捉住主君的心，品格就是如此讓您鶴立雞群。

另外，養成品格，也是在一期一會（也許一生僅此一次的寶貴相逢）時能夠與重要人物深入來往的一種生存之道。

請切勿讓人生中千載難逢的好機會溜走了。

這本書若能助您擁有自信，成為堅毅的女性，是我的榮幸。

目次

松平家族譜

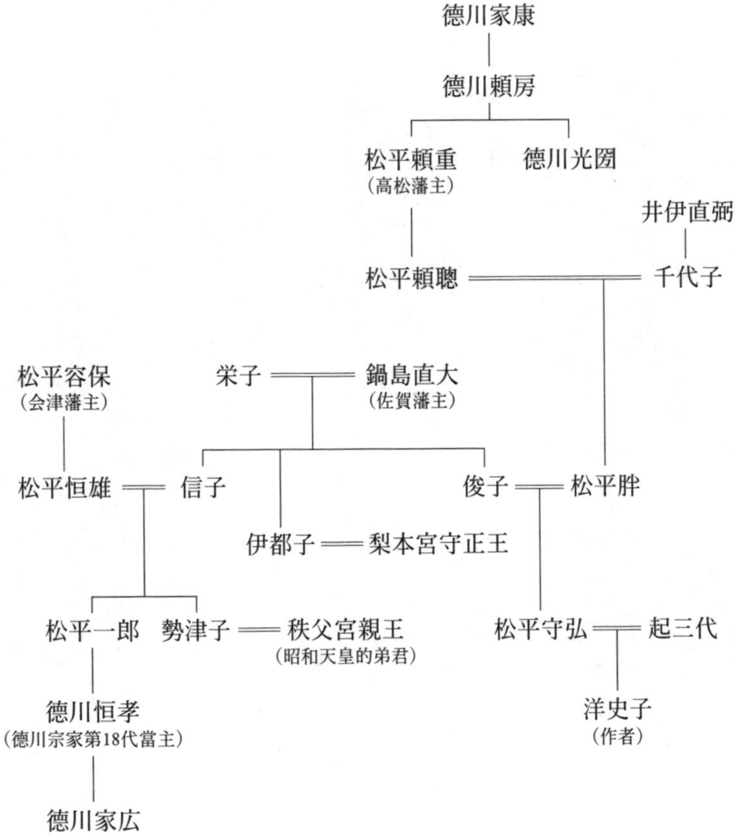
德川家康
德川頼房
松平頼重
（高松藩主）
德川光圀
井伊直弼
松平頼聰
千代子
松平容保
（会津藩主）
栄子
鍋島直大
（佐賀藩主）
松平恒雄
信子
俊子
松平胖
伊都子
梨本宮守正王
松平一郎
勢津子
秩父宮親王
（昭和天皇的弟君）
松平守弘
起三代
德川恒孝
（德川宗家第18代當主）
洋史子
（作者）
德川家広

Chapter one

松平法式的基本

松 平 法 式 の 基 本

端正姿勢，心即轉變。

在武士道精神中，有語云：「由外形而入內心」。端正姿勢，就能看見事物本質之意。

在松平家，愁眉不展時會說「挺直腰桿，端正姿勢，然後去接下天降大任」。實際這麼做之後，不可思議地內心的波瀾就會落定。接著仰望天空深深深呼吸。如此氧氣就會進入腦中，心情舒暢起來。

抬高視線，視野開闊起來，也就能看見本來看不見的事物。

最近，常在電車上看到駝著背在滑智慧手機的女性。如果這是實際人與人面對面的會話，駝著背可會說出美好的話語？

請想像抬頭挺胸的自己。不僅任誰來看都美，也彷彿會自然流露出美好的話語。

駝著背，可是會讓眼前的幸運溜走的。

端正姿勢，心即轉變。我們一同來找回那個美麗的妳吧。

不愉快的事要埋藏進「丹田」。

我還是孩子時，只要一有不愉快，就會被祖母嚴格地教誨「不可口出怨言，不愉快的事要埋藏進丹田」。

因為，怨言並不是一個會提高自己品性的東西。

丹田是指肚臍下方，匯集全身精氣的地方。要是沒了丹田，松平家就無法說話了。

遇到不愉快的事，要到沒人看到的地方，用丹田呼吸。如此一來能緩和、放鬆，想責備對方的情緒也會消失。

首先，閉上眼睛，由鼻子吸氣，鼓起肚子，想像將所有的醜惡都埋進丹田，維持這樣的狀態暫停一下。

接著稍微開嘴，慢慢吐氣，讓氣穿過齒間發出嘶嘶聲，直到那口氣最後的最後。

只要做一次就能心情舒爽，不過若重複多次，就能鍛鍊丹田周圍的肌肉，常保堅忍的美姿美態了。

另外，建議遇到難相處的人也可以如此呼吸，放鬆緊張感，表情也會開朗起來。

溫柔，堅定，美麗。

法律明定一夫一妻制，是在明治三十一年（西元1898年）的時候。日本在一百多年前，男性納妾都還是被允許的。

在那樣的風氣之下，松平家的女性，正室也好側室也好，想必有過許多內心不平靜的時候吧。

但是，不論何時都不能失去溫柔。要當一位不為外在事物所動的美麗女性。不過於被他人人生影響，謙虛地生活。

松平家的女性們都知道那就是幸福的秘訣。

「女性不論何時，都要溫柔、堅定、美麗」。

這是祖母嫁入松平家時，婆婆千代子（井伊直弼之女，從井伊家嫁入松平家）所傳授的話，也是松平家的女性代代相傳、脈脈相承的話。事情有分成自己現在做得到的事，以及自己現在做不到的事。專注投入現在自己做得到的事，那姿態就會是溫柔、堅定而又美麗的。

不論遇到何種場面，都要相信自己，抱持這樣的心境沉穩地做好準備，不安就會自然消失。

「殘心」，常存為對方著想的心意。

尊敬對方、常保體諒之心，稱之為「殘心」。

從茶道，以至武道、藝術，都存在著這個詞彙。要讓每一個動作都留下澄澈的餘韻，這個「殘心」是必要的，而這也是松平法式的基本精神。

例如，端上茶水時，以右手置妥茶碗後，再以左手貼著茶碗奉上，這也是心意的表現。所謂的「殘心」，便是思慮事、物的心。

為人帶來「澄澈」的，是這個「殘心」所生的優美行為。

「妳要成為一個能留下澄澈餘韻的女性。」祖母如是說。門要靜靜地、輕輕地關上。掛電話時要先確認對方已掛斷電話後才能輕輕掛上。就像這樣，任何動作都不到最後絕不懈怠，能留下澄澈餘韻的人，才會讓人想再見一面。

即使是電子郵件，結尾的問候語寫得漂亮的，才會給人留下印象。漂亮的結尾語，不是一些好聽的話也沒關係。而是端視個人是否能配合對方的狀況使用優美的文字。

「殘心」是日本的美好文化。「待人」的第一步，就由殘心開始。

讓自己是能見人的。

昭和初期，祖母被各家報紙報導為新時代女性代表。對如此的祖母，日本女子高等學院（今昭和女子大學）的創設人人見東明先生提出邀請「希望能延攬為日本女子高等學院校長」。

「要創建一流的學校，徒具學問是不夠的。我欲琢磨學生人格，使其成為引領社會的女性。為此，望能讓學生直接接觸松平俊子女士的品格。」據說是被如此說服的。祖母接下了學院校長，並將松平家的作法「松平法式」納入女子教育。

接受祖母教育的畢業生，對祖母的回憶如下所述。「初次親眼拜見松平老師優美高尚的姿態，講堂上滿滿的學生都同樣感動莫名，無法言喻。好聽的聲音、輕柔的動作，如今憶及仍不禁沉浸在四十餘前年的過往，那令人懷念的過往。」

祖母所散發出的格調，是來自於「讓自己是能見人的」這樣的想法及其所衍伸而出的一舉一動。品格，是在日常生活中處處用心，逐漸養成的。

從今開始，意識著「讓自己是能見人的」來生活吧。

質樸儉約
便能看穿事物的本質。

從大正到昭和初期，祖母深居簡出，但她每天會去涉谷站前的公有市場購物。以質樸儉約為第一優先，她嘗試如何以最低預算端出最豐盛的菜餚。

在松平家，有句教誨是「若是不明白事物的本質，那麼就實踐質樸儉約以看穿本質」。不鋪張浪費，節儉地生活，以發展出合理的思考方式或新意。

祖母的質樸儉約精神，也因此產生了一個又一個想法。她設計讓女性便於行動的非連身服裝、引進椅子式的生活讓主婦的家事更輕鬆。她認為，若能合理地節省時間，那麼女性出社會這個型態就能實現了。

這樣的生活型態受到關注，朝日新聞、讀賣新聞等各家報紙都在報導祖母所提出的主婦生活改善方案，最終成了現今人們說的最夯主婦。

雖說如此，但質樸儉約並非窮酸寒傖。即使過著質樸儉約的生活，讓相貌、服裝以及生活都能豐足，這樣的工夫也是很重要的。

先學形式，而後脫離。

日本傳統的茶道、花道、武道等，所有有個「道」的，都有其外在的形式。我曾在傳授花道時，被問及「老師，因為最後都會走向自由創作，那麼從一開始就自由創作不就好了嗎？」

真正的美是從外顯的形式開始學起。在那形式之下，才會孕育出悠然而美妙的靜與動。

茶道與武道中，有個「守破離」的訓誨。「守」，即遵守師尊的教導；「破」，即某種程度上學習師尊的教導後，稍微破除既有的形式；「離」，即離開師尊獨立。任何事物，皆是最初接受老師的教導、破除形式、最終獨立，以如此的公式成長。

松平法式的「基礎形式」，也是歷經漫長的歷史代代相傳下來的。經由諸位繼承者之手，順應時代潮流，容納新事物而來。然而，基礎形式是不會變的。

請牢記松平法式的三個基礎形式：「殘心」(P.20)、「自制」(P.46)、「心眼」(P.132)。牢記之後，接下來便可以自己的方式去理解、自由地表現。

學習英文，放眼整個世界。

祖母的父親直大，與祖母的母親榮子，是相遇在直大前妻亡故後、以外交官身分赴義大利之時。是昭憲皇太后（明治天皇的皇后）將當時任職宮中女官的榮子推薦給直大的。

結婚後的榮子，她那日本女性特有的堅毅受到注目，成為羅馬社交界的一朵花。回國後，則與在國外時相反，活用國外生活所學到的舉止，成為鹿鳴館的名媛。她教伊藤博文等當時的華族們社交舞及英語會話，從旁協助外交。

「學好英文，就更能幫助別人」。俊子銘記母親榮子的教訓，接待來訪自家的外國人時，親身實戰地學習英語會話。嫁入松平家的俊子去到國外，將能讓裁縫省時省力的縫紉機引進至日本，並開設縫紉機講習會，當時還曾被新聞、雜誌報導過。

祖母常言：「今後的女性所必要的，就是放眼整個世界。為此，首先要學習日本的文化。接著再學習英文。」

從現在開始也不遲。

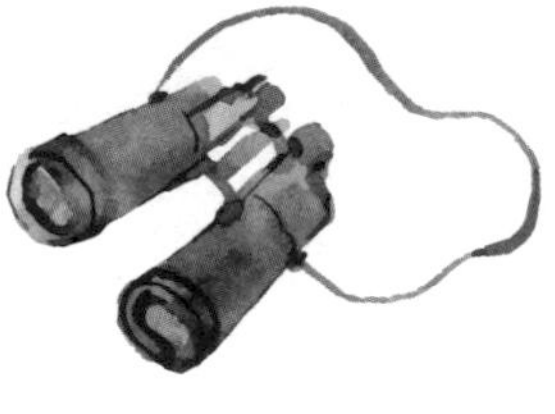

Chapter two

整頓生活

生 活 を 整 え る

有進，就一定有出。

在松平家，認為不會清潔打掃或整理整頓的人，也就是不會整理整頓頭腦的人。祖母總說：「事、物，都會有進與出。」

生活就是進與出的不斷重複。今天穿的鞋放回鞋櫃了嗎？用畢的餐具洗過了嗎？收拾的這個出一旦怠惰，整個空間就會開始漸漸散亂。

另外，也常被告誡「在購買前，要先意識到出」。譬如，打算買衣服時，祖母會問「洋史子，為什麼想要買這個呢？」「因為下次有個音樂發表會，所以想買。」如此回答後，祖母又說「那的確是很重要的呢。不過，能用在其他地方嗎？」「……」如此這般。

購物時的出，指的就是該物件從開始喜愛到消耗完畢為止能使用幾次。如果衣櫃滿滿都是堆著沒在穿的衣服，那麼下次購買前就試著要意識到出。如此才不會散財。

不論何時、不論何種行為，皆一定有進有出。明白這一點，就會成為人生幸福的關鍵。

洗碗，要從背面開始。

松平家的孩子，被管家教育自己的事情要自己做好。

尤其是清潔打掃、整理整頓上，受到非常嚴格的教育。

用餐完畢後，要到廚房清洗自己用過的碗盤。管家會說：「碗盤的背面可以看出一個人的真面目，所以要從背面開始洗。」如果管家檢查出沒有洗乾淨，就要重新洗過。

先從背面開始洗，然後才是表面。當碗盤表面不乾淨時沒有人會繼續使用，因此照這個順序洗滌的話，就能讓裡裡外外乾淨，表裡如一。

整理整頓一個空間時也是同樣道理。如果先整理容易看得到的表面，那麼櫥櫃裡或桌子的抽屜裡就會想說「下次再做也可以啦」。先從表面開始清理的話，裡面還是會雜亂無章。

任何事物都有內外。一定是從內開始清潔，整體才會乾淨。「內外」這個詞，以「內」為首，就是這個道理。內也可以看作是家庭、教養或知識。

由內而外，任何事都會好轉。

打掃，是在整理內心。

在松平家，一切事物都始於打掃。孩子們每個早晨，都被要求擦拭走廊來回好幾次。水桶裡裝著水，擰乾抹布。管家會檢視如何擰乾抹布，若抹布還滴著水，會被管家斥責「還不行！要擰乾！」我們是聽著「打掃，是在整理內心」這句話長大的。

年底的29日，管家會將我的所有物品全數集中裝在一個大紙箱內，放在我的面前，「好的，請開始」。然後讓我將之區分為要與不要的。如果不做這件事，肯定會被說「這就過不了年了」。

這項作業，是讓自己確認接下來這一年中，哪些是自己所必要的、哪些是自己所不需要的。

捨棄不必要的、留下必要的。這項作業，也幫助我了解如何在人際關係、工作、戀愛等等人生課題上下重大的取捨抉擇，幫助我整理、釐清思路。我至今仍在實行這項作業。

跨了年後的元旦，大人小孩都會發表今年的抱負「希望今年是如何的年」。父親會將之寫下來。卻不在同年的年底打開來看。這是因為與其回首過去，不如對未來抱持希望，這隱含著如此的深意。

衣著，是用以保護自己。

祖母敘述她在松平家所養成的儀容精髓，其中有句話，她說：「外出時，婦女的教養（即提升品格、內涵）是極為重要的。整體清潔乾淨，頭髮一絲不亂，服裝不論材質如何，皆保養得宜、清爽整潔、端端正正。」

簡而言之，儀容會保護自己。

江戶時代，是一個特別容易由衣著、動作看出身分或職業的時代。身為武士，衣著若稍有凌亂，那就可能成為遭受攻擊的漏洞。

即使在現代，也仍會看一個人的打扮去判斷該人的性格，因此讓自己儀容整潔以保護自己，是非常重要的。

其他像是飾品，也是要配合見面的對象慎重選擇。因為飾品是歡迎對方之意。衣著，即對人的思慮。

或許有人會從服裝的細微缺失窺見妳身為一個人的人格缺失。以衣著保護妳自己，並表現出歡迎對方的態度吧。

以絹絲擦拭得光滑細緻。

松平家教育我們，不論何時都要保持美麗，不可以疲憊示人。因此，關於美麗與健康的自我管理是非常徹底的。

其中，「絹絲」是不可或缺的。

感到有點疲累時，便用絹絲洗臉巾溫和清洗臉或身體。

祖母在洗臉時，總是先起泡，再沾到絹布上，輕柔地、撫摸般地洗臉。洗臉後只有輕拍絲瓜水，雖然簡單，但指尖絕不用力。不知是否因為她用心注意不傷害肌膚，她的肌膚才會那麼細緻沒有皺紋。

實際仿效後就能體會，絹布的光滑觸感，不只肌膚，也能平撫因疲累而劍拔弩張的心靈。

還有，絹絲的高級觸感，也會提醒自己：自己也要是個高雅的存在，並給自己「明天的我也要這麼美好」如此積極的激勵。

使用絹絲這種高級的材質來將自己打理得光滑細緻，這樣的行為會超乎想像地讓妳積極，並提升妳的美麗。

一湯一菜，吃八分飽。

「若總是在吃飽的狀態，身心就會變得遲鈍，無法同理人們的心情與痛楚。」我在如此的家教下成長。這是「一湯一菜，吃八分飽」的精神。

說到松平家，會被認為餐桌上總是出現豐盛的菜餚吧。其實，平常只有簡樸的一湯一菜而已。

我還是孩子時，即使還想再多吃一點，也不被允許多盛一碗飯。這是源於「八分為己，二分與人」的精神。並非留下二分，而

是打從一開始就只準備八分飽的量。

八分飽的生活，會造就靈巧的身體與清爽的心靈。以我自己為例，松平家的女性中幾乎沒有肥胖者。因為我們認為，多幾分贅肉，就少了幾分心靈的餘裕。雖不可過瘦，但靈活的身體能讓我們更輕鬆地從事工作、家事或育兒。

八分飽，同時也意味著將自己的這個身體打造成能夠為他人而動。

一天也好，請試著「八分飽」。今天成功了的話，明天也就能持續下去。

Chapter three

整頓內心

心 を 整 え る

人生，即自制，即如何高明地自我控制情緒。

松平家的人，是被嚴格禁止在人前哭泣、或是表露出負面情感的。

我還小的時候，一旦哭泣就會被管家拉著手進到自己房間，嚴厲訓斥「不可讓人看見妳在哭，要在自己的房間哭。」

這不僅僅是單純的「不准直接顯示情緒！」，忍住哭泣、自我控制情緒，其中有著鍛鍊精神的意涵。

江戶時代，主公或公主心情不好，就有可能洩漏家務事，甚至斬首家臣，因此我們被教導要十分注意表情。讓自己處在心情不好的狀態下，是對周圍的依賴與撒嬌，也暴露出自己的弱點。因此在松平家會被教導「人生，即自制，即如何高明地自我控制情緒」。

只要活著，難免會產生憎恨、嫉妒、憤怒、痛苦等各種負面情緒。該如何才能將之控制在自己心中呢？

高明地控制情緒，這才是讓自己生存下去的技巧。

對人好，自己就會獲得救贖。

松平家的家教，教育我們「如果想要成為美好的人，就要對人好」。我決定我這一生，要「對人好的活著」。既然決定了，我認為不論何時何地都要幫助他人。因此，見到有人有困難，我實在無法不出聲。

祖母則決定「盡力為人」，真可以說她「無私奉獻」。關東大地震後，餘震不斷，她在屋前鋪上紅毛毯招呼被火災燒得無家可歸的人們，招待他們握飯糰，不斷地鼓勵打氣。

那樣的祖母留下來的話語裡，有句話是：「即使我死在沙漠裡，也要化為白骨為迷路的人指出方向。」祖母內心有著如此為人的情操。祖母總是對我說：「人活著，不是只求名留後世，而是要對未來報恩。」

如果現在妳懷著煩惱、身處痛苦之中或不明瞭自己活著的意義，那麼請對其他人好一點吧。光是這麼做，心靈就會得到救贖。因為妳是內心有愛的人。

心裡要有座「只屬於自己的堡壘」。

奠定德川幕府二百七十年基礎的第三代將軍家光，其乳娘春日局整建了大奧制度，也是第一位為了幕府而前往朝廷從事政治活動的女性。

她如此堅毅，並非為己，而是為了守護家光。

「為了達成某個目標，自己要如此而活」要有如此的覺悟。這在松平家，則以「心裡要有座只屬於自己的堡壘」的說法來教育我們。

要有如此而活的信念、想要守護的人事物任誰都無法攻陷的堅強的心，才是「心之堡壘」。

有了「心之堡壘」，才能不論多麼艱辛難熬，也會湧現堅持不屈服的力量。建造一座「我想過這樣的人生」、「是可忍，孰不可忍」的堡壘，以穩固自己的心。

現今這時代豐衣足食且又便利，但內心脆弱容易受傷的人卻也增加了。追求通訊媒體與人產生連結，便會為通訊媒體上認識的人的一言一行而心情起伏不定，被耍得團團轉。但有了「心之堡壘」，不論遇到何事，皆能不為所動，依照妳的意志走妳的人生。

一語道破，言簡意賅。

松平家教育我們「不可將所想的直接當場說出口」。不將所思所感立刻說出，而是先呼吸一口氣後才說出，這是生活經驗談。

若與人發生爭論，不立即回應，而將想說的濃縮成一句話。說了太多，不只增加了給對方的資訊量，也讓重點更加模糊。

祖母教我「要成為能迅速找出重點的女性」。如果找不出重點，那就代表現在什麼都不要說。其實，那也意味著，要有迅速看出事物本質的眼力。如此這般，在看出一件事物的本質後，其他重大的事物也就比較容易處理了。

如今資訊過多，每一天都需要做各種選擇。正因如此，看出重點的感知力是非常重要的。

提升精神層次，要由飲食開始。

無法集中注意力時，或心情劇烈起伏不定時，松平家認為那就必須改善飲食。

九十六歲享盡天年的祖母，主張「提升精神層次，要由飲食開始」。米，選用玄米；蔬菜，則料理成連皮可食；少肉可使頭腦冷靜，因此控制肉的攝取量。哺乳時，則吃連骨頭也可食用的魚類佃煮。傳承祖母這套飲食法的母親起三代也非常長壽，超過九十三歲，幾乎要締造松平家的長壽紀錄。

明治時代的醫師石塚左玄認為醫食同源，提倡「食療養生」，而祖母將之銘記在心。左玄倡導「身心疾病，其因在食。要清淨人的心靈，須先清淨血液；要清淨血液，須清淨食物。」以糙米、玄麥等未精製的穀類為主食，搭配蔬菜、豆類、小魚、海藻等食物，將會健康長壽，並使身心靈清淨。

我還是個孩子時，松平家的餐桌上也是只有米飯、湯、漬菜，偶而會有魚，如此簡單而已。

簡單而乾淨俐落的飲食法，能打造美麗的心靈。

要做好外在功夫。

這個世界會稱讚「表裡如一的好人」，但松平家卻教我們「要做好外在功夫」。這是源自於不可使人感到不快的體諒精神。

另外也有一層意思：粉飾外在，內心也會隨著外在而起變化。

當我年紀還小時，見到父親不論多疲累，總是儀容整潔、一臉笑容，曾心想「還真愛面子啊」。但父親說：「就是在內心紊亂時才更要做好外在功夫、顧好面子。當妳的外在被某人稱讚『真美啊』時，妳才會覺得自己跟那褒獎是名符其實的，而那名符其實的妳才會越發自然地那麼做。長久下來，那就會漸漸成為妳的外在表徵，而妳的內心也會跟著整潔起來。」

有個「金玉其外」一詞，一般而言，這是形容只粉飾外表、內心卻沒有跟上的狀態，不是正面意義的詞彙。但若認真粉飾外在，內心其實是會跟上的。

正因人在低潮，所以才更要下定決心打理好外在、整頓好內心。

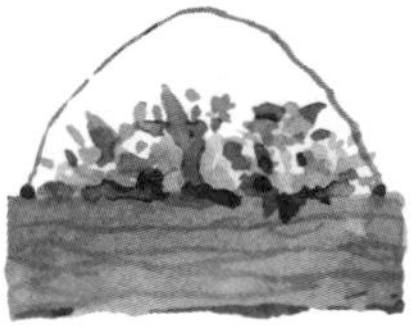

看見周圍的美好。

松平家教育我們若想擁有美麗的心靈，就要多接觸美麗的事物。

只要活著，就難免灰心喪志、挫折失敗，為了尋求療癒，以致於多花費金錢吧。生於明治年間的祖母，經歷過關東大震災、二戰，戰後因繳納財產稅而放棄財產。她被命運玩弄於股掌之間，飽受各種苦難。但祖母卻總是開朗地鼓勵著周圍的人，只要發現身邊的幸福就很快樂。

祖母出門散步時，會感動於日本四季分明的美麗光景。當她見到櫻花、明月、梅雨時節院子裡的雨蛙，會出聲讚嘆「唉呀，你真漂亮呀」。那是像孩子般純真的微笑。

「奶奶好像總是很快樂呢。」我這麼問。

祖母總以「見到美麗的大自然光景，心靈就被洗滌一清了。」來回答我。

即使在平凡無奇的日常生活中，也有接觸到美好事物的瞬間。成為一位能發覺身邊美好事物的女性，即使醜惡的事物也能以美的眼光看待，如此方能讓自己的內涵豐富充實。

能發自內心地感動，也喜歡這樣的自己。一切都從這裡開始。

日行一善。

松平家的家教，教我們若眼前有人有困難，必定要主動上前詢問：「您怎麼了？有什麼事是我能幫忙的嗎？」就想為他人盡一份心力。內心常懷此念、身體力行，就能感受到生命的喜悅。

即使不出聲詢問，生活中每天也都充滿著助人的機會。譬如：某天早晨，我扶起了橫臥在路上的自行車，牽至路旁避免擋到行人。雖然是瑣碎小事，但我卻不曾對橫臥在路上的自行車視而不見。就算只是間接的助人，我仍非常喜歡這個能對他人好的自己。

喜歡自己，這樣閃耀明朗的心情，會慢慢一點一滴地累積在自己這個容器中。累積了許多這樣閃耀明朗的心情，那光輝終會綻放出來。即使不被人稱讚也自在自得。

日行一善，妳會熠熠生輝。

抱怨與不滿會擾亂內心。

松平家教育我「小心那些會擾亂內心的話語」。

人活著，與人之間總有千絲萬縷的關聯。在那之下，想堅持己見則會與人起摩擦。摩擦會傷害對方，也會傷害自己。因此，不應該說出會造成摩擦的話。而且，吐出抱怨與不滿時的表情，肯定不是美麗的。

祖母結婚後承受了巨大的痛苦。那是與長男的別離。丈夫的兄長讚岐松平伯爵膝下無子，因此以祖母的長男為養子。從被告知起僅僅一週便讓渡出兒子的祖母，就此過著失去親兒的悲傷日子。但即便那時，祖母也從未口出怨言。

我還小的時候，曾天真地問總是溫柔微笑的祖母：「奶奶您為什麼不說出心中的不平、不滿呢？」祖母說：「抱怨與不滿啊，會擾亂內心。如果想讓自己的心靈澄澈清淨，就要靜靜地埋藏在心底。」我回到房間，記下莊嚴神聖的這段話。

就快要吐露出抱怨與不滿時，那麼就先照照鏡子看看自己的表情吧。

「自尊」使人堅強。

對松平家而言，幕末以後的時代潮流是很嚴峻的。戰後廢止華族令因而喪失了地位與財產，但松平家的人們仍堅持「絕不可失去『自尊』」，自重自愛地活著。

到了明治時代，有許多女性從江戶城出走到一般市街。既使當時的公主們也變得同樣必須在城外生活。

我還小的時候，一位與松平家有血緣關係的近百歲貴婦，與一位侍從一同平靜低調地住在麴町的某個老舊公寓裡。曾貴為公主的她，典當了衣物，每天煮粥，過著儉樸的生活。

即使貧窮如此，她的品格卻仍屹立不搖，對還是個孩子的我體貼入微「天氣這麼熱還讓妳常來看我。今天沒有甜點好能招待，真是抱歉」。

不論遭遇何種狀況，都不失「自尊」，不放棄「我欲為如此之人」這樣對自己的想望。那在我的心中，烙印下了一種絕美的生存之道。

有「自尊」，就能堅強地活下去。

一有負面情緒就要離開現場。

松平家教導我「心中要常保美麗」。

祖母常說：「洋史子啊，一有負面情緒，就要離開現場，去看看一些美好的事物。」相信了這番話，我到美術館或書畫展觀賞，總能讓心中鬱悶一掃而空。

當我考試成績差而關在房裡心情低落，祖母會帶我到院子裡，「看這紫陽花很美吧。妳看，還有蝸牛呢！」這樣將生命的美麗與莊嚴說與我聽、指與我看。每次觸及祖母的溫柔，總讓我又萌生了

「明天還要再加油！」這麼一股前進的動力。

祖母說，當見到美好的事物時，不需要去在意「這是何處何年製的瓷器。」、「這紫陽花是何品種？」，而只要「去感受美。多去看看美好的事物，用清澈的水洗去心中的鬱悶。心中要常保美麗。」她教我，去看、去感受美好的事物，就是整頓思考的技巧所在。

一有負面情緒就要離開現場，去接觸大自然。如此心中就會變美，回歸到澄淨的妳。

正因繁忙，才要享受休閒時光。

在松平家，會教育我們就是因為繁忙，才更要在心裡保有一分餘裕。

祖母身兼多職，是非常忙碌的人。她是大日本茶道協會會長、昭和女子大學前身之日本女子高等學院校長、從事營運少年少女保護設施的兒童憲章愛之會會長及日本海外婦女協會會長。因此，她幾乎都在外走動，在家則不停地接待客人。

那樣的祖母唯一的享受，就是「花點時間，精心泡一壺好茶，靜靜享用」。因為松平家奉行質樸儉約，所以是不可多花錢的。但只有在這個時候，她會隨心所欲地使用喜愛的茶葉。用溫熱的開水慢慢泡開茶葉，讓整個房間滿溢著芳醇的茶香。當香氣與味道都出來了以後，再倒進喜愛的茶器來品茶。這是她不思考任何其他事情，只專注在喜好上的寶貴時光。即使時間不多，但專注於喜好上，便能讓忙碌的頭腦與心靈沉澱下來，使累積的疲勞歸零。

越是忙碌，越是應該如此歸零，保有整頓內心的時間。

當感到重擔無以負荷時，就委身順應自然。

自幼，我即受到松平家教誨「要敬重自己代代的祖先。那是妳養成美好人格的源頭」。

翻開家族譜，從以「水戶黃門」廣為人知的水戶光圀，以至井伊直弼、鍋島直大、梨本宮、秩父宮等，有著歷史上有名的人物。

祖母所在的祖墳，被象徵地水火風空的五輪塔所守護著。五輪塔代表了這個世界的組成元素，體現了自然的道理。夏日枝葉茂盛，秋日結實纍纍，冬日則徒留一片葉子也不剩的枯木顫抖在寒風中，一片世事無常之景。但終究花蕾會再綻放，愉悅的春日將會復甦。在如此的輪替中生成了所有人心的變動，是自然的道理轉動著這一切。

祖母常說：「即使事態往自己不希望的方向演變，也要順應自然。」譬如，就算在工作上無法順心如意，也要坦然接受目前的狀況，並在那之下找出樂在其中的要點。以一己之力使人生往勉強難行的方向去，因此才會而痛苦。

品味季節變換的樂趣，不勉為其難力抗潮流，就能快樂享受人生。

Chapter four

為了與美好伴侶相遇

よき伴侶に出会うために

明確設定結婚對象的條件。

為了要活出自我、過著幸福人生，尋找結婚對象的方法至關重要。

松平家的女性，要先能接受自己的現狀，再想像未來想過怎樣的人生。接著才依照自己的狀況去設定條件。

我建議各位設定自訂條件。因為，當妳具體描述出「想遇到這樣條件的人」，不可思議地就會容易遇見。結婚，就是一種抉擇，為了讓自己幸福的抉擇。可以說是人生中最大的抉擇了吧。正因如此，請明確設定條件。

平時就要做好「準備」也是很重要的。江戶時代能受到主君寵愛的女性，並非單純只有美貌與好運。她們平日都在研究如何讓自己光彩照人。

不過，不論身處哪個時代，結婚二、三十年後，人的情感是會變的。不會永遠都像戀人那樣。重要的是不依賴對方、能夠獨立。然後，妳的目標便會是那種即使過了熱戀期也能互相敬重的相處關係。

相信一見鍾情。

祖母俊子的婆婆千代子（彌千代姬），是幕末的大老井伊直弼的次女。

當彌千代姬見到讚岐藩松平家的松平賴聰（我的曾祖父）時，那一瞬間就落入了愛河。談了一場當時少見的轟動戀愛後結婚。從彥根出嫁到高松城的婚禮用品共達一百一十二箱。

但是，結婚第二年的春天，彌千代姬的父親井伊直弼在「櫻田門外之變」中被暗殺。松平家家臣因此事而認為「井伊直弼的女兒會對松平家造成負面影響」，而迫使彌千代姬離婚。

她念及最愛的丈夫，決定獨自一人回到彥根。並暗自決心「為了與丈夫重逢的那天，我要保持身心潔淨」。

大政奉還後過了五年，彌千代姬與賴聰復合，生下胖（我的祖父）等五男二女，一輩子鶼鰈情深。

彌千代姬，她相信一見鍾情這種「悸動」，對愛情一以貫之。「這人真好」這樣的直覺，有時會指引出在妳人生中所欠缺的部分。那是出人意料的準。對愛情貫徹始終的彌千代姬，成為彥根市吉祥物彥喵好友彌千喵的原型，至今仍受到當地人愛戴。

去遇見
美好體貼的人。

居中斡旋彌千代姬與賴聰復合的，是曾被幕府拆散的皇女和宮及有栖川熾仁。

因為他們有著相同的經歷，才出手相助。

和宮五歲時與當時十六歲的熾仁訂下婚約。兩人曾有過深刻的羈絆。但因當時公武合體的政策，導致和宮被迫取消與熾仁的婚約，並被要求下嫁與德川第14代將軍家茂（當時十四歲）。和宮雖然激烈地拒絕，但幕府三番兩次施加壓力，最終仍是嫁到了江戶城。

出乎意料地，同樣年紀的將軍家茂，是個為了讓和宮在江戶城過得舒適而體貼入微的好男人。家茂如此溫柔體貼，和宮漸漸地愛上他。家茂年僅二十歲便過世，其後頒布了王政復古大號令。和宮寫下請願書，請求朝廷「從寬處分德川家」。接受該請願的，正是從前的未婚夫有栖川熾仁。因熾仁的盡力而使江戶城免於新政府軍的攻擊。

家茂與熾仁的共通點，就在於身為一個人的真心溫柔。祖母在我嫁人前，告訴我「去遇見美好體貼的人」。祖母也是選擇了溫柔的人，過了活出自我的人生。

當妳感到認識的人還不夠多，就要珍惜每一次與人相見。

我還小的時候，有時能陪同祖母外出。店家的人、左鄰右舍，不論是哪種人，祖母都同樣以溫和的笑容打招呼。還是個孩子的我，對此感到非常不可思議。

「奶奶，您為什麼對大家都用笑容打招呼呢？」祖母說：「日本有項很值得稱頌的精神，叫做一期一會。過去那些偉大的人們，就是因為珍惜一期一會，才能開花結果的。」

「一期一會」是來自於茶道的詞，意思是「現下與眼前這位所共處的時光，是不能再重來的奇蹟般的時光。正因為這僅此一次，所以要珍惜這一分一秒，要拿出自己最好的一面來接待對方」。「如果妳珍惜每一瞬間的相遇，那麼妳隨時都能遇到良緣。」這麼說著的祖母，一直到過世以前，真的是受到眾人的喜愛。另起一段寶貝呵護相遇這顆種子，它終將開枝散葉，帶來美滿的未來。眼前的人，是為自己帶來下個相遇種子的人。

敞開心扉，以笑容待人吧。

要選擇會稱讚妳的人為結婚對象。

我父親的格言是「對於女性必定要稱讚她」。

當遇見一位女性，他一定會就所感受到的直言「真是漂亮呀！」或是「今天穿的很好看呢！」。連我自己也是，只要一被父親稱讚，心裡就會非常高興。「唉呀，我的小洋史子，今天真漂亮呢！」光是這麼一句話，感覺就彷彿被某種溫暖包裹著一般，那整天都能有好心情。

父親身上有一種才能，只一句話就能點亮周圍的陰暗。這或許是因為他有自覺「王公貴人啊，讓大家都開朗明亮起來就是其職責所在。」吧。

稱讚對方，對方就比較不會對自己抱持敵意。在只有女性居住著的大奧，王公貴人間就是這樣緩和氣氛的。消弭敵意，就是維繫著國與國之間交誼的王公貴人一大職責。

若各位尚且單身，正要去找尋結婚對象的話，那麼選擇像我父親那樣不吝稱讚妳的男性或許也不錯。會稱讚人代表他內心是有餘裕的。有餘裕的、大器的人，才會使人心開朗起來。

男性所選擇的女性是謙虛而溫暖的人。

母親起三代是福島庄屋家的女兒。

她進入明治大學法學部，目標是成為一名律師，但畢業後卻沒有走上律師之路，而進了時事新報社政治部，成了日本第一位女性記者。

父親與母親是自由戀愛結婚的。在某個餐會場合上，父親才第一眼見到母親。

我曾問過父親「您為何選擇了母親呢？」父親說了「在社會上

起勁地工作的女性，雖然我曾有先入為主的觀念，以為是不讓鬚眉的強勢女性，但聊過後才發現她其實是謙虛而溫暖的人，所以才選擇了妳母親。」

不過，父親所說的「謙虛」，並非是壓抑自己。

母親也是個兼具豪放與溫柔體貼的人。她將接收自千歲烏山娘家的千坪土地，爽快地交與日本紅十字會，作為建立救助從滿州搶救出的孤兒領養制度及設置孤兒院的資金。

父親所說的謙虛，是指為了他人無欲無我的強大。

人若有難，就要關懷體貼。

那樣的溫暖，是受人喜愛的根本。

夫妻關係圓滿融洽的秘訣，在於明白男與女是不同的生物。

我要出嫁的前一天，祖母喚我到她的房間。「關於婚後生活，有兩件事情要告訴妳。第一件事情，是哪怕只早進家門一步也好，要比丈夫早在家，以笑容對他說『你回來啦』。」

男性這種生物，生來就有一種主公特質。即使是雙薪，回家時若妻子還不在家，就會不由自主地覺得寂寞。所以妻子到玄關用笑容接待丈夫回家，這樣丈夫的心情就會變得很好。

另一件事情，是「快與丈夫吵起來時，不要當場反駁回擊，先走去浴室，深呼吸過後再回來說」。實際走過婚後生活，常常在走到浴室前就忘記「我剛想說什麼？」。如果是會忘記的話，那就表示那並不是什麼天大的大事。只有在深呼吸過後不論如何還是想說出口的時候，那就要站在對方的立場思考後才說。

松平家教導我，夫妻關係圓滿融洽的秘訣，在於明白男女本為不同的生物。

光是了解這一點，出乎意料地婚姻關係就能順順利利。

Chapter five

與人來往的秘訣

人づきあいのヒント

絕不可中途打斷對方的話。

在祖母嚴格禁止的事項中，有一件事是「絕不可中途打斷對方的話」。

當對方正說話到一半而中途打斷，這在松平家，是跟踩踏有對方家家紋的榻榻米一樣，屬於極失禮的行為。[1]不聽完對方的話，而自顧自地說著自己想講的話語，既非常失禮，也不美麗。

另外，當對方在聊推薦的餐廳或電影等話題時，說「我也去過」、「我也看過」也是非常唐突的。耐心聽完對方所有的話，這同時也是在鍛鍊自己的內心。

祖母跟任何人都能親切地交談。初次相識的對象也能熟稔地像舊識，她有著熟練的社交技巧，總給人留下爽朗的印象。當被人懇求傳授社交技巧時，祖母回答：「我沒有什麼社交技巧。硬要說的話，應該是我會去想能不能無私、能不能珍重對方吧！」。

在交談中能珍重對方的人，就是誰都會喜愛的人。

1日本的皇室、王公貴族等皆各自有代表的家紋。印染有家紋的榻榻米通常使用於佛堂、客房等較高規格的地方。家紋是一種精神象徵，因此踩踏有家紋的榻榻米，等同踩踏在對方祖先的臉上，是極為不敬且失禮的嚴重行為。

將對方的無心之過閉一隻眼。

將對方的無心之過閉一隻眼，不讓對方難堪，這是松平家的禮儀。對方有了過失時，「閉一隻眼」是一種溫柔。

覺得「這個人出錯了」的時候，不是針對失誤的部分說些什麼，而是若無其事地轉移話題。茶灑出來的話就自己巧妙地擦拭，或是用些小東西幫忙遮掩。如果對方是個孩子往往就會想指著他的鼻子斥責，但事實上即使是個孩子也不可如此對待。

我還小的時候，曾受到祖母的姪女秩父宮王妃殿下的招待，到她府上拜年。

我沒能用筷子牢牢夾住年菜裡的芋頭，讓芋頭掉出去了。王妃殿下卻說：「唉呀，這芋頭骨碌碌地滾啊！滾，真是活力十足啊！」她不指責我，而將大家的目光焦點轉移到芋頭上。她將我的失態轉變為一團和氣的笑聲。

她那體貼細心的一句話，拯救了我幼小的心靈。

品格高尚的女性，是能夠自然而然地感知對方情緒反應的人。

不說人壞話，不求回報，不羨慕。

不責備對方，體察事理。這是松平家的生活禮儀。另外也教導我們不論遇到何事，都不可大聲吆喝。

這是祖母被邀請至台灣演講時發生的事。

聽眾或打斷她說話，或大聲喧嘩，她即使遭受這等妨礙也毫不動怒。不住賠禮道歉的主辦團隊無法掩飾驚訝地問：「老師遇到那麼令人不愉快的事，雖然絲毫沒有不悅的臉色，但您是否生氣

呢？」祖母回答道：「我沒有生氣。今天這樣的狀況也許是發生了什麼事情吧。」對方又問：「您在家中也不生氣的嗎？」祖母又答：「是的，我在家中也沒有生氣過。」

實際上，她對孩子也好，對管家也好，都不曾動怒或抱怨過。孫子的成績單上的成績不好看，她也只是柔聲說：「你現在有其他喜歡的事物對不對。就盡情發展你的興趣吧」。

松平家的美學，就是「不說人壞話」、「不求回報」、「不羨慕」。

如此活著，身心才會澄澈美好。

款待的心，即順著對方的意。

在松平家所舉辦的茶會，如果天氣好，會先讓客人賞完花再帶位就座。

雖然席位都已安排好，但若客人已自行坐定，那麼就照著那位客人的意思。即使與我方的安排不同，也以客為尊，這就是順著對方的意。

招待客人時，要用心維護人與人之間的情誼，不論是言語或態度上都要表現出以客為先的樣子。

還有，當客人說「天氣真熱呀！」回以「不會呀，頗涼爽的。」；或當客人問「請問廁所在哪裡呢？」回以「洗手間在那邊。」，像這樣使用另一個與客人不同的詞彙，是很失禮的。這很有可能是變相地否定對方。

當對方說「天氣真熱呀！」，要回以「真的很熱呢！」；當對方說「廁所在哪裡呢？」，要回以「廁所在那邊。」。用字遣詞要與客人一致，才稱得上用心款待。

另外，使用有季節感的話語，也是一種靈巧的待客法。「今早牽牛花已經開得很漂亮了呢！」等等，這樣就能讓對方的心情舒爽起來。

貧窮，指的是無法為他人付出。

祖母俊子在十七歲時與祖父松平胖結婚。媒人是大隈重信。婚宴橫跨了三天，出嫁的隊伍也極為浩大，以彰顯鍋島家的威信。祖母的大姊伊都子嫁給梨本宮守正王，被譽為皇族第一美女。另外一位姊姊信子嫁給大河劇「八重櫻」中由綾野剛所飾演的松平容保的六男，其女勢津子為昭和天皇之弟秩父宮親王之妻。

這麼說來，這個家族應該會被想成是一個富裕的家族。其實不然，由於戰後皇籍離脫、華族制度廢止及財產稅繳納，而喪失了財產與身分。每一家都非常窮苦。但祖母她們仍不失去「自尊」，為了他人而盡力。

我們這一家也絕非稱得上富裕。即使如此，我至今仍記得的是，被祖母問到：「妳覺得什麼是貧窮？」我們小孩子都回答：「貧窮是沒飯吃。」但祖母卻說：「貧窮啊，就是無法為人付出。」

無論何時都盡力為人，這才是真正的富裕，而那份精神將養成妳的品格。

Chapter six

優雅的舉止

美 し い 所 作

要有優雅的舉止，就要隨時意識到丹田。

像松平家這樣的武士之家，良好的體態是比什麼都還重要的。因此特別著重鍛鍊丹田。

只要一意識到丹田，自然地背脊就會挺直，動靜合宜的優雅舉止油然而生。精通劍術的人，當然也隨時意識著丹田。丹田使力，身體就有個重心，即使上半身自由地做出任何動作，下半身仍能保持穩定，如此方能用力揮刀，又能同時保持完美的姿勢。

雖然女性穿高跟鞋走路容易導致駝背、膝蓋彎曲，但即使穿著高跟鞋還是要意識到自己的丹田。光是意識到丹田，就會穩住身體的重心，走路姿勢就會美到判若兩人。

如果重心不穩，不論如何想著美麗優雅而做出的動作，在他人看來，不平衡的姿態實在是很顯眼。

坐著的時候也好，打招呼的時候也好，請經常意識到丹田。

令人印象深刻的優雅舉止，是由丹田所生。

走路姿勢，顯示人生。

松平家教育我們「並非只是調整走路姿勢，而是要經常做好心理準備，要讓自己看起來優雅美麗」。

走路姿勢會顯示人生，這是因為可以由走路姿勢看出一個人內心的美學。

①首先，要立正站好。腳後跟要併攏，腳尖呈倒八字形。想像背後有一道牆，背部與後腦勺貼著牆壁而立。

②意識到頭在脊椎骨之上。

③ 一定要收起下巴。不論走的多麼優雅，抬起下巴會給人擺架子，或是滑稽可笑的感覺。

④ 想像從腰到腳像是直挺挺的一般，不彎曲膝蓋的踏出一步。彎曲膝蓋的話看起來就老了至少十歲。

⑤ 丹田要用力。只要意識到丹田，就會穩住身體的重心，能讓妳看起來更美麗。

語畢便閉上雙唇，能使人聽起來高尚優雅。

松平家的孩子，早晨起床後就得作發聲練習。那是為了讓打招呼時的話語及聲音都是美的。

「A、I、U、E、O，A、UN。KA、KI、KU、KE、KO，KA、UN。」像這樣，句末一定是以「UN」結尾。這樣下來口齒才會清晰，而且聽起來高雅。

相反地語畢不閉上雙唇，稍作想像便很容易明白，會有一種隨便的感覺，像是「歡迎光臨——」、「我說那個啊——」。

若詞語之間分際不明確，便可能無法清楚表達意思。理解了這一點，交談時語畢一定要讓雙唇呈「UN」形。

由於這麼做會使說話節奏稍慢，所以這會成為一個讓妳說起話來高尚優雅的原因。即使用字遣詞慎重周到，但如果語畢沒有做好收尾，聽起來還是不美。

為了聽妳說話的那個人，語畢一定要閉上雙唇。

美好的問候之一：話語和動作不同時。

在松平家，經常被告誡「無法做出真心誠意的問候，這樣的人就是欠缺了心」。

早晨，做完發聲練習後，會道「早安」，但若沒有真心誠意，就得說到能真心誠意地問候為止。

在武家的世界，是始於禮，也終於禮的。

問候，則是他人最容易看懂的一種表達自己的交流形式。同時也是為了珍惜一期一會的相遇，所以先以問候來給對方留下好印象，這是很重要的。

其要點是話語和動作是不同時進行的。

看著對方的眼睛，說完「早安」以後，才低下頭。

問候，是越接近語尾越慢的。

「早安」像這樣鄭重地說，就能做出真心誠意的問候。

即便是相同的話語，只要說話的速度不同，聽起來彷彿就完全不同了。所以，要提醒自己，慢慢地說。

美好的問候之二：要坦率真誠。

能清楚流暢地說出問候語之後，接下來是優美地行禮。所謂行禮，並非只是低下頭而已。要以能被對方見到是很愉快的心情，來向對方低頭。

①以坦率迎接的心情說出「您好」。

②說完問候語，慢慢地低下頭。

③抬起頭時也要慢慢地。稍微擴大一點胸口的「坦率真誠」，輕輕靜靜地由鼻子呼氣，在心裡留塊餘裕。

當對方在自我介紹時，要以「坦率真誠」地接受的心情，確實感到心胸開闊，營造出「我接收到了您的心意」這樣的氛圍。當營造出「坦率真誠」的氛圍，自然地姿勢會端正起來，表情也會變得開朗。

另外，以「坦率真誠」迎接對方，如此對方也會知道自己確實被接受了，而安心下來。

在老牌旅館或料亭等實行一流待客之道的地方，有著會如此問候的人。不妨時常造訪，亦兼學習人生功課。

美好的問候之三：動靜合宜。

松平家非常重視「良好體態」。那是為了對人的尊重。

對於武士而言，能被在上位者見到並對之問候的機會，彌足珍貴。因此，特別打造一套舉止的標準，能夠光以問候就擄獲人心。

沒有言語交談時的行禮法如下：

①稍微彎曲手肘，輕輕重疊在大腿上方。

②有意識地丹田用力，挺直背脊，胸口向前倒，慢慢地低頭後靜止一下子。

③慢慢地將頭手回復原位。

如果仔細觀察時代劇中的武士如何行禮，應該會很好明白。

此時的重點是，一動一靜都要合宜。在第二步驟中低下頭後，要確實地停止動作一下子。

因為有靜，動才醒目，也因為動中有靜，所以才美。

將兩極合而為一的美，這也是日本的獨特文化。

以五個步驟
讓起身問候高尚優雅。

自己先入席而對方之後才到，這時的問候方式如下：

①坐著時，將裙子左右兩端折到大腿下方，兩膝併攏不可張開，再淺淺地坐上椅子。

②以兩手撐著椅子移動腰部，往內深深坐進椅子。

③對方來了而要站起時，將兩手撐在兩側，將腰往前帶。

④兩腳併攏，「刷」地一聲起立。

⑤低下頭，慢慢地問候。

這時候也要意識到一動一靜皆要合宜。

反之，是自己後到而要問候行禮再入席時，要站在椅子旁邊行禮。站在椅子前方，膝蓋後頭確認碰到椅子後才坐下。

行禮不是為了自己，而是為了對方。

優雅的舉止，會淨化整個場面，營造出良好的氣氛。

美姿，就是隨時意識到一顆蛋的距離。

說到「美姿」，有些讀者會以一種「立正」的姿勢，將兩手緊貼身體兩側伸直。但其實這是不自然的。

所謂的美姿，是順著骨骼與肌肉的自然紋理，在某種意義上是很自然的姿勢。

那麼，在呈現出自然姿勢時應該要意識到的，是兩隻手臂的張開程度。請想像左右腋下個夾著一顆雞蛋。這樣兩隻手應該自然會

交叉疊在「丹田」的稍微下方處。這是自然而美麗的位置。

站立時、行禮時、坐在椅子上時，不論何時都請意識到「一顆蛋的距離」，以固定兩手的位置。

另外，要伸出手取物時，是連身體一起先靠近該物體。因為再將手臂張開超過一顆蛋的距離，就不美了。

只要一個怠惰下來，好不容易建立起來的美姿，就會毀於一旦。為了維持舉止總是高尚優雅，就要隨時意識到手是在「一顆蛋的距離」。

精於使用筷子。

在松平家，每天用餐都是在修行。不可殘留任何一顆飯粒。因此，每天的生活裡都排進用筷子夾紅豆的練習。

武士之家的孩子們，關於筷子的使用方式是被嚴格教育的。祖母小時候也是如此。

祖母的父親鍋島直大，在明治維新前夕，以年僅十五歲繼承了佐賀藩宗家三十五萬七千石的俸祿。年紀輕輕又幸好順應時代潮流，擔任日本第一所法院的副總監，也擔任過駐義大利公使、元老院議員，又因深得明治天皇的信賴，以式部長官的身分隨侍在側。

就在那時，祖母在鍋島家誕生了。由於算命的說祖母：「這命，要是男孩的話，可是能影響到國家的」，因此直大嚴格挑選將要擔任教育角色的管家。集結了原本為佐賀藩士後來加入倒幕陣營的勇士，精挑細選出一位受到嚴格教育的管家，名為阿清。她無時無刻地操心著自己主人俊子是否有疏漏之處、是否舉止比其他姊妹還差。其中，筷子的使用方式是比其他用餐禮儀更加徹底練習的。

使用筷子是日本禮儀基本中的基本。如果還不能流暢順利地使用筷子，那麼請從今天開始加強練習。

氣質是
耳濡目染學來的。

祖母年紀還小的時候，鍋島家曾經在自宅或大磯的別墅接待明治天皇。有一次明治天皇帶著剛出生沒多久的昭和天皇前來，因為實在太可愛了，當時僅十一歲的祖母不禁脫口請求：「不知是否能讓小女子抱一抱呢？」，祖母因此有機會抱過昭和天皇。當時，皇家與華族的交流頻繁，經常舉行宴會。

祖母還是個孩子時，因為大人說孩子不可參加宴會，但可以觀摩，於是便從二樓的陽台去細細觀察來訪賓客的舉止及上流階級的氣氛。從孩提時代便看著高貴的世界，耳濡目染也是一種重要的學習。

松平家也奉行「氣質是耳濡目染學來的」。光看禮儀書是難以內化真正的氣質的。實際去聽有氣質的人如何說話、去看他們的一舉一動、去親身感受那樣的氛圍，是非常重要的。有機會的話，請務必親至優雅人們雲集的一流餐廳或料亭，實地體驗。

不可笨拙地留下痕跡。

這時代，香水是衣著服飾不可或缺的一環。能因時因地制宜、品味高雅而低調隱約的香水，我也覺得是非常好聞的。

但是，松平家的教育是「不可隨便塗抹香水、留下自己的痕跡」。直到離去都很美，這才是武士之家的禮儀。這是因為如果香水強烈到人都離開了，卻還留著自己的味道，這實在稱不上品味。

說實在，香水這種特意塗抹在身上的香氛，本意應該是「希望能讓人感到舒服」的為人設想。忘卻這樣的本意，塗抹氣味過於濃烈，或有損出席場合氣味的香水，是非常失禮的。

例如，壽司店也是品味魚香的場所，一旦混雜了濃烈的香水，就白費了壽司細緻的氣味。

要出席欣賞細緻香味的場合時，就要少用一點香水——能如此作出選擇的女性，才是有品格的美好女性。

一怠惰就老朽。

五十年前，母親因為想將日本的珍珠以一種文化的形式保留下來，而創立了珍珠公司。數年前我承繼下來，目前在日本橋三越販售。

許多高雅美好的客人蒞臨本店。雖然高齡，但其衣著很有品味，妝髮端莊，珠寶搭配得宜，姿態神采奕奕。

當中更有人說：「人啊，即使上了年紀也不能懈怠呀！」、「打磨自己是最快樂的呢！」。她們絕不說一句抱怨或謠言。

無需去問她們是怎麼走到今天的，自然能感受到她們散發出的格調與精神上的豐盛。

松平家的女性，也受到「為了他人，自己無論何時都要是美麗的」的教育。祖母也是樂於砥礪自己的人。即使九十高齡，要迎人時都還是要衣著端整，懷著對對方的敬意配戴飾品。

雖然我也有想偷懶的時候，但這時我都會想起祖母的話：「只要怠惰了就會老朽」。

Chapter seven

溫和待人

優　し　い　お　も　て　な　し

真正用心的待人，是能配合對方的體貼關懷。

戰國武將石田三成，據說是首開先河，以「沏茶」來出人頭地的關鍵人物。豐臣秀吉在獵鷹時為了止渴而來到寺院，當時還是個小和尚的三成，在茶碗內倒入七、八分微溫的茶水呈上。秀吉一口氣喝乾，又要一碗，這次則端出裝盛了半個茶碗的熱茶水。秀吉再要一碗，這會兒是稍小的茶碗盛著滾燙的茶水。這是三成的體貼入微，為了讓秀吉止渴，又同時不讓他滿肚子水難受。三成細膩的用心受到秀吉賞識，因而被招攬至城裡，開闢出一條以沏茶開啟的出人頭地之路。

松平家對茶也特別嚴格。制式的作法當然也很重要，但更重要的是要配合客人。

如果是日照強烈的炎熱天氣，茶碗要裝七分滿。稍微少一點的茶看起來會涼快些。相反地，寒冷的天氣裡就要多盛一點到八分滿。這樣的份量會看起來豐盛又溫暖。絕不可奉上滿得快溢出茶碗的茶。這會給對方一種好像腦袋什麼都沒在想的隨便印象。

配合對方的體貼，才是真正的待客之道。

聽心以耳。

在香道的世界中，不是嗅香，而是「聞香」。

這句話的意思是，猛然嗅香的話，會將灰也連帶嗅入，所以要靜靜地、輕輕地，幾乎像是用耳朵去聽一般地聞。

也因此，松平家會教育孩子「聽心以耳」。即不僅以耳朵聽進對方字面上的意思，還要以耳朵感覺對方所散發出的氣息。例如，在一流料亭的包廂中，是看不到紙拉門外的仲居[2]，但一流料亭的仲居都是以耳朵去聽、去觀察包廂中的動靜。斟酌一個恰當的時機，才上下一道料理。

像這樣不被客人察覺的細膩用心，才是一流的待客之道。如果讓客人覺得「這間店真是服務周到」，其實這是失敗的。不著痕跡地讓客人感覺「啊！這裡真是讓人舒服。」，這才是成功的。

我感覺，現在「待人」一詞猶如特立獨行一般。做為一個日本人，現在就有必要思考一下何謂真正的待人。

2專指日式料亭中的服務人員。

以「心眼」審時度勢。

「心眼」，即以心去看事物。

松平家的待人精髓，是基於「心眼」的。

為了養成心眼，為客人添茶是孩子的份內事。我們會先讓客人坐在候客室內等候。接著管家奉茶。之後則由孩子們添茶。添茶的時機點，要用「心眼」去度量。不能直盯盯地瞪著看客人是否喝完了茶，而是要用心眼去感覺一些跡象的。

例如，客人將茶碗放在茶托上的聲音間隔改變，或交談中斷的點變得奇怪的時候，就是該準備添茶了。像這樣注意一些細節，就能知道客人希望添茶了。

祖母晚年視力衰退，家人勸她動手術治療，但她卻毅然決然地說：「我自有心眼，沒有必要動那個手術。」生活仍是泰然自若。

如果能像祖母那般心思縝密，我相信即使無法以肉眼視物，仍能透過一些跡象看出對方的心思或動向的。

想喝的時候所端出來的茶才最好喝。

我還小的時候，有位管家會在父親出門時幫他準備鞋子，或幫他開關玄關拉門。

那位管家厲害的是在寒冬時節，當他察覺父親有要外出的樣子，就會先從鞋櫃拿出鞋子，預先暖好，等父親穿完鞋的那一刻才打開門。他十分用心盡量不要讓主人先接觸到外頭的冷空氣。

炎熱的夏天時，他則會在出門前老早就打開門，在玄關前灑水，讓門口吹過涼爽的風。

這一連串的動作漂亮地不落痕跡。他對客人也是一樣。在松平家是如此徹底地堅持為人著想。

不過，將松平家的法式原封不動地搬到現代的話，由於時代跟以前不一樣了，因此會有格格不入之感。例如，如果是愛好茶道之人，若有客從遠方而來，會想奉上一碗好喝的抹茶吧。但，即使主人說這抹茶是花了20分鐘才泡好的，客人也不會高興。

想喝的時候端出來的茶才最好喝。

季節感是最好的接待。

祖母成長於麴町的鍋島宅邸（今首相官邸）。

在那棟房屋中，經常舉辦西式園遊會。

之後嫁入松平家，在此學習了日本傳統的茶會做法。

茶會是輪流主辦的。輪到舉辦茶會的那一家，從一大早就會為了迎接客人而做準備。

從大門到玄關這段路上有沒有落葉、院子裡鋪的石板上有沒有乾淨、屋裡的插花有沒有季節感……。

松平家的待客之道，是以「季節」來招待。

當天的甜點也要準備有季節感的東西。快到客人要回去的時間前，就會先在玄關準備好伴手禮。我們會在對方的喜好中挑選有季節感的作為伴手禮。

一同度過無數季節更迭的這份歡喜，若無其事地將之化為有形，呈到對方眼前。

如此累積共度時光的喜悅，交情才會長久。

絕不可讓人受到冷落、感到寂寞。

主辦茶會時，最重要的，就是要關照所有的人。

祖母總是對當時還是個孩子的我說：「要把所有的客人都看在眼裡。」

有一次茶會過後，祖母問我：「洋史子，今天的茶會如何呢？」我回：「這麼說起來，今天那位穿紫色和服的人，好像有點寂寞。」祖母一聽，隨即說：「洋史子，沒有什麼『這麼說起來』這種事哦。事後才發覺就太晚了。要當場就立刻做點什麼。下一次我們去向那位穿紫色和服的人說話吧。」

在聚集的人中，有人沒有跟別人說上話，或是受到冷落，這在松平家是不可以發生的事。

每一位客人都能愉快地交談，這就體現了主人的用心關照。松平家會要求孩子們牢記在心。

掃視一遍，用心關照。如果能稀鬆平常地做到這一點，那麼妳所在之處，就會是令人感到舒服的。

為所有的客人準備好屬於他的一席之地。

身為客人受到招待，要以「和敬清寂」的精神來回應。

在我成人之後，祖母常對我說這番話。

「若妳受到邀請去到人家府上，勿忘和敬清寂之精神。有妳這一份體貼，邀請妳的主人也能有好心情來待客。」

所謂「和敬清寂」，是茶道的精髓。

「和敬」，指的是賓主各自平心靜氣，互相禮敬，以期能共築和樂茶會。

「清」，是指心靈的，或表現於茶道動作上的潔淨澄澈。

「寂」，是被譽為「閒寂枯淡之美」的茶道最高精神。亦即，賓主共同度過一個美好的茶會時光之意。

雖然是被邀請的立場，但一味地受到招待，這可不能讓茶會時光稱得上美好。

主人為了讓客人歡喜，可是花了許多的心思。將接收到主人那份好意之後的歡喜，坦率地以言語及表情表達出來，這才是受到招待時的禮貌。

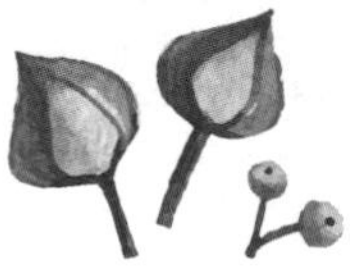

遞上伴手禮時，
與其說「不成敬意的小物」，
不如說「這是現在很受歡迎的小點心」。

拜訪別人家，在遞上伴手禮時總會脫口而出「不成敬意的小物」。這過於謙虛而無法表達出伴手禮本身的魅力，實在可惜。

比起「不成敬意的小物」，再加上一句「不過這是現在很受歡迎的小點心。不知能不能合您胃口，還請您別嫌棄」，這樣就能傳達出為對方想的感覺了。

「不成敬意的小物」這句話，在某種程度上是累積了各種經驗的人才能說的話。

遞交伴手禮的時機點也不得大意。進了玄關、到了隔間後就要立刻從紙袋拿出禮物，如果是西式房間的話要站著遞交。如果是榻榻米的隔間，要正坐著，在榻榻米上交給對方，這樣的動作才優美。

在桌子上遞交的話會刮傷桌子，因此這不能算是美的舉動。

相反地，接受對方贈禮時，要說「非常謝謝您」、「謝謝您的餽贈」等，以感謝的話語收受。

後記

讓人生更美好的祕訣

「気品」とは、人さまに心を配ること

所謂「品格」，即在乎他人。

「任何事物，皆有進有出。」

這是祖母每天掛在嘴邊，也是我最喜歡的松平家教誨之一。在獲得某種事物之前，要先想好其目的與最終完成的樣子。如此方能確實獲得該事物。

在本書的「入口」（前言），觸及了品格。接下來，介紹了許多養成品格的方法。

如今，來到這本書的「出口」。養成了品格的各位，會如何勾勒出今後的樣子、走上什麼樣的人生呢？勾勒未來，就是思考「出口」。

請一定要在心裡描繪出幸福美滿的人生。

另外一點，希望能常駐在各位心中的，是「殘心」。殘心有個涵義是「掛念對方」，其他也有「反省」的意思。例如，接待過客人後，反省是否與客人交心了，這也是「殘心」。在下次與同個人見面時應用反省過後的結果，慢慢地一點一滴修築出更良好的關係。這樣，人與人之間就能確實結下善緣。

人，不是一個人活著的。人，總是活在與人的關係之中。「品格」，原本就是關懷他人而生的。

我堅信，與人相處是「溫柔、堅定、美麗」，這就是讓人生更美好的秘訣。

誠心希望拿起這本書的各位讀者，都能成為「真正美麗的女性」。

二〇一四年九月　松平洋史子

生活文化39

松平家的心靈整理術

學日本名門流傳數百年的心法，讓你活得更優雅。

作　者—松平洋史子
譯　者—黃毓婷
編　輯—黃煜智
執行企劃—廖婉婷、李昀修
內頁排版—楊珮琪
總 編 輯—曾文娟

發 行 人—趙政岷
出 版 者—時報文化出版企業股份有限公司
108019 台北市和平西路三段二四〇號七樓
發行專線—（〇二）二三〇六六八四二
讀者服務專線—〇八〇〇二三一七〇五
（〇二）二三〇四七一〇三
讀者服務傳真—（〇二）二三〇四六八五八
郵撥—一九三四四七二四時報文化出版公司
信箱—10899 台北華江橋郵局第九十九信箱

時報悅讀網—http://www.readingtimes.com.tw
電子郵件信箱—ctliving@readingtimes.com.tw
思潮線臉書—https://www.facebook.com/trendage
法律顧問—理律法律事務所　陳長文律師、李念祖律師
印　刷—盈昌印刷有限公司
初版一刷—二〇一七年二月十日
初版四刷—二〇二〇年十二月二十一日
定　價—新台幣二五〇元

時報文化出版公司成立於一九七五年，
並於一九九九年股票上櫃公開發行，於二〇〇八年脫離中時集團非屬旺中，
以「尊重智慧與創意的文化事業」為信念。

松平家的心靈整理術　學日本名門流傳數百年的心法，讓你活得更優雅。/ 松平洋史子著；黃毓婷譯 . -- 初版 . -- 臺北市：時報文化，2017.02
面；　公分 .

ISBN 978-957-13-6876-4（平裝）

1. 生活指導 2. 女性

177.2　　105024493

《MATSUDAIRAKE KOKORO NO SAHOU》

ISBN 978-957-13-6876-4
Printed in Taiwan